금오도 편지

리토피아포에지 · 153
금오도 편지
인쇄 2023. 11. 25 발행 2023. 11. 30
지은이 곽경자 펴낸이 정기옥
펴낸곳 리토피아
출판등록 2006. 6. 15. 제2006-12호
주소 21315 인천광역시 부평구 평천로255번길 13, 부평테크노파크M2 903호
전화 032-883-5356 전송032-891-5356
홈페이지 www.litopia21.com 전자우편 litopia999@naver.com

ISBN-978-89-6412-190-0 03810

값 12,000원

곽경자 시집

금오도 편지

리토피아
LITERATURE & UTOPIA

시인의 말

시를 주우러 다녔습니다.
하지만 시 한 수 줍지 못한 채 공원 벤치에 앉아 있습니다.
하늘과 바다가 맞닿은 그곳엔
솜털같이 고운 시어들이 숨어있지만,
나에겐 뜰채 하나 없습니다.
호수같이 잔잔한 저 바다 위에
눈이 부신 시어들이 속삭이지만,
나에겐 종이배 하나 없습니다.
터덜거리고 돌아오는 내 발길 위로
벚나무 가로수의 빨간 잎들이,
봄부터 써놓은 시들을 잎새에 담았다고
주워가라 귀띔을 합니다
하지만 내 팔은 너무 짧아
그 잎 하나 줍지 못했습니다.
그런데도 내 참, 시를 주우라니요.

2023년 여름
곽 경 자

차례

제1부

제2부

제3부

제4부

| 제1부 |

술 담그던 날

어머니의 하얀 무명 치마저고리가
유난히 희고 단내가 나는 날은
아버지가 좋아하는 술 담그는 날
아랫목에 묻어둔 술항아리는
며칠이 지나면 작은 멜로디 소리가 난다.
술이 다 익기도 전에 밀주 단속이 뜨는 날은
어머니는 술 항아리를 소변통인 양
천연덕스럽게 이고 밭으로 간다.
보리밭에 숨길 때도 콩밭에 숨길 때도
그렇게 술 항아리는
뽀글뽀글 숨바꼭질을 하며 익어간다.
막걸리 한 사발에 아버지의 헛기침 소리는
앞산 노루가 화들짝 놀라 달아나고
감나무 감똥도 제풀에 떨어진다.
이제는 가고 없는
술 익는 날의 이야기

달마중

팔월 한가위도 지난 어느 날 저녁
오늘은 달이 아직 뜨지 않는다고 안달하며
그 섬 선착장에 달마중을 갔다
나보다 먼저 나온 반딧불이가
붉은 얼굴을 내밀고 있는 달을 마중하고 있다
나도 발갛게 얼굴 붉히다
괜한 안달이 쑥스러워 뒤돌아서는데
등 뒤가 붉어진다
두고 온 줄 알았는데
눈썹 같은 달, 문 앞까지 따라와 서성대고 있다
짝사랑이 아름다웠다는 것을 지금에야 알 수 있듯
비움이 아름답다는 것을 그믐달이 되어서야 안다

우물

아름드리 감나무가 아이들과 놀았었지
꼬맹이들 셋이 서로 손 잡아도 닿을 수 없는
굵은 몸통을 자랑하던 감나무
커다란 가지 위에 누워서 낮잠을 자곤 했지
여름이면 멍석 깔고 감나무 아래 누우면
한여름 뙤약볕도 산들바람에 밀리는
그늘이 있었지
봄부터 여름 지나 감똥에서 홍시가 될 때까지
까르르 까르르 해지는 줄 몰랐던
아이들의 친구였지
그 감나무 뿌리에서 샘솟던 우물이 있었지
젖줄 같은 산동네 하나뿐인 조그만 우물
물 길러 온 새댁이 물항아리 깨뜨리고 앉아 울면
커다란 팔 벌려 토닥이며 감싸주던 감나무,
너의 뿌리 그 뿌리에 우물이 있어
나는 목마르지 않았지

외인 출입금지

그 섬 심포로 가는 옛길에
남편의 이름을 내건 본동네 식당의 닭집이 있다
아름드리 자밤나무가 울타리로 되어있고
자밤나무 사이로 보이는 바다는
하루에 한두 번은 안부를 묻는
그런 전망 좋은 곳에
기골이 장대하게 잘생긴 수탉이
십여 마리의 암탉을 거느리고
왕 부럽지 않은 나날을 보낸다.
멋진 날개를 펴고 긴 목을 길게 빼고는
"꼬끼요" 하고 홰를 칠 때면
앞바다에서 하릴없이 윤슬과 노닐던
머구섬과 삼섬도 엉덩이를 들썩거린다
대낮에도 눈치 없는 수탉의 사랑놀음에
낯부끄러운지
본 동네는 이쁘지도 않은 굵은 글씨로
"외인 출입금지"라는 푯말을 그물에 걸어 놓았다

여자를 펼치다

여자는 자연과 같다
여자는 자연과 같고 자연은 여자와 같다
철마다 다른 색깔을 내는 자연과 같이
여자도 철마다 다른 색깔을 낸다
봄햇살처럼 따스함도 있고
꽃 같은 화사함도 있다
작은 풀꽃의 꽃을 피우고
잎을 피우기도 하는 것처럼
겨울을 나기 위해 억척을 부리면서
나목이 되어 칼바람에 날이 선
차가움도 참아낸다
자연을 펼치면 여자가 보인다
봄 여름 가을 겨울
사철을 그려내는 자연과 같이
보지 않고도 사시사철을 그려낼 수 있는
그것이 여자다

겨울나무의 소견서·2

나는 벚나무 가로수입니다
우리 동네는 큰길을 가운데 두고
서로 마주보며 살아가는 상가지역에 있습니다
이 길을 날마다 유모차를 끌며 지나가는 노부부가 있습니다
여름이면 내 그늘 아래 유모차를 세우면
남편은 얼른 널빤지를 유모차 위에 얹어
부인의 의자를 만들어 줍니다
다리가 불편한 부인을 운동시키려
매일 이 길을 지납니다
나는 한여름에는 내 힘껏 팔을 벌려
두 분께 그늘을 만들어 주곤 합니다
내 발 아래 가게에서 내놓은
낡은 평상이 그들의 쉼터입니다
이렇게 추운 날에도 노부부는 하루도 쉬지 않고
유모차를 끌고 고단한 걸음걸이로 걷고 또 걷습니다
나는 나의 빈 가지를 한껏 제껴
따스한 햇살을 두 분께 내어드립니다

휴! 하고 걸터앉는 한숨소리가 가벼워질 수 있도록
나는 따스한 햇살을 모을 것입니다
노부부가 내년 봄 이곳에서 쉬어 갈 때
행복한 시선으로 바라볼
많은 꽃망울을 채우기 위해서입니다
햇살과 바람과 눈보라까지도 나는 다 사랑하며
가슴 가득 꽃망울을 채울 것입니다
오늘도 나는 빈 가지에 햇살을 모읍니다
노부부의 환한 얼굴 위를 따스하게 채워드릴 것입니다
꽃망울보다 더 아름다운 노부부를 위하여

엄마 그거 알아요

엄마는 나더러 새끼탐이 많다고 했지요
하얀 박꽃 같은 웃음으로 '엄마' 하고 달려오면
차오르던 그 따뜻함도 엄마한테 배운 게지요
내 아이들 양팔에 누이고 숫자를 떼고 구구단을 떼고
두 볼을 부비면서 뒹굴던 내 새끼들
엄마 그거 알아요
언제나 내 옆에서 '제발 일 좀 그만해라 눈 빠지겠다'
그렇게 새끼탐이 많았던 당신
세상에서 가장 듣기 좋은 내 새끼들 목소리
"학교 다녀오겠습니다"
"학교 다녀왔습니다"
현악기 삼중주보다 더 아름다운 하모니
늦은 밤 돌아오는 아이들의 밤참 메뉴에는
나의 뜨개질이 하나 더 추가였죠
등 뒤에서 소리 없이 뜨개질을 하면
호랑이보다 더 무섭다던 아이들의 응석에
한밤중 소리 없이 문틈으로 엿보던

달님도 함박웃음을 웃었지요
그때도 엄마는 말했지요
'그만 좀 해라 팔 빠지겠다'
엄마가 그랬듯이 나 또한 지 새끼들 등살에
활짝 핀 백목련 같은 웃음을 벚꽃처럼 쏟아낼 때
그 애들 등 뒤에 대고 말하지요
니들은 뭔 새끼탐이 그리도 많냐?

눈빛

당신은 어느 한적한 시골에서
새벽하늘을 바라보신 적이 있나요
문득 잠이 깨어 하늘을 보면
그곳엔 수많은 눈빛들이 무언의 대화를 하고 있답니다.
운 좋은 날은
실눈썹 같은 그믐달의 눈웃음도 볼 수 있고요
수없이 많은 속삭임들이 새벽하늘에서 두런거리고 있죠
어느 별과 눈을 마주할까 싶을 때
유년의 여름 마당에 멍석 깔고 엄마 무릎베개에서 바라보던
수많은 별들이 빛나는 눈빛으로 나를 반기죠
너는 그동안 어느 별에서 살았느냐고
달빛 아래 고즈넉이 잠자고 있던 들풀들에게도
누가 들을세라 가만가만 바람에 실어 보내는
저 그윽한 달님의 눈빛,
그 눈빛에 취해 새벽잠을 설친 적은 없으신지
어둠이 내려앉은 고즈넉한 시골 새벽하늘을
꼭 한 번쯤은 바라볼 일입니다

햇볕 공작소

이른 아침 부지런히 햇살을 쓸어 모은다
마당 한가운데 화덕을 놓고
기다란 싸리나무 빗자루로 둥그렇게 햇살을 쓸어 모은다
조금 있으면 들길을 걷고 산길을 걸어서
사람들이 햇살을 찾아
지친 걸음으로 이 공작소를 찾아올 것이다
그래서 저녁이 되면 앞마당 화덕에 불을 피울 것이다
화덕 위 솥뚜껑에서 노릇노릇 익은 삼겹살에
소주 한 잔 달게 마시면
세상은 종이보다 더 얇아 보여
한 손으로도 거뜬히 들 것만 같을 것이다
몸은 솜털보다 더 가벼워져
아침의 햇볕공작소에 새처럼 내려앉아
아름다운 작품들을 만들었을 것이다
그들의 주머니 속에 꼭 넣어 주고는
나는 또 햇볕을 쓸어 모아
봄의 따스한 햇볕공작소를 꾸며둘 것이다

빈집의 습관

아무도 살지 않는 친정집에 들어서니
덩그라니 놓여있는 장독대가 나를 반긴다
뚜껑 없는 항아리에는 빗물이 가득 채워져 있다
햇살은 날마다 들락거리며 쉬어 갔을 것이고
밤이면 별들이 정화수 되어 올려져 있었을 것이다
토드락거리며 장작불 타는 소리가 들릴 듯한 부엌에는
동백기름 바른 엄마의 쪽진 머릿결 같았던 무쇠솥이
올케언니의 세상처럼 붉게 녹슬어있다
빈 마음으로 마루에 앉으니
햇살은 어느새 내 마음을 눈치채고
무릎 위에 내려와 앉는다
안산*을 바라보니 얼추 진달래가 피겠구나
무릎 시려 돌아보니
뒤란을 돌아 나온 아직은 찬바람이
화단가에 대문처럼 서 있는 동백나무 가지에 멈추어 선다
아무도 없는 빈집에 누구를 그리워하다
저리도 붉게 피어 있을까

대문을 나서려다 뒤돌아보니
마루에 걸터앉은 햇살과
뒤란에 쉬고 있는 바람과
대문처럼 버티고 서 있는 동백나무가
습관처럼 빈집을 지키고 있었다

* 안산 : 금오도 산 이름.

꽃씨 우체국

잡초도 생각 없이 싹을 틔우는 것은 아니더라구요
작년에는 없던 자운영이 올겨울 화단 가득 채워져 있어
하마터면 잡초인 줄 알고 모조리 뽑을 뻔했는데요
한겨울에도 새파란 자운영이 귀띔해 주더라구요
나를 뽑지 말라구요
아마도 그랬을 거에요
봄에 이사 온 수선화가 찬바람이 온몸을 파고들어
자운영 꽃씨에게 엽서를 보냈나 봐요
자운영은 그렇게 수선화 곁으로 와
겨우내 수선화를 꼭 안고 있었던가 봐요
그랬는데요 글쎄
올봄 자운영 품속에서
수선화는 시침 뚝 떼고 꽃대를 쏙 올려 놓았더라구요
꽃들도 이렇게 누구를 배려하는 마음이 깊다는 것을
자운영 꽃씨는 알고 있었더라구요

삭히다

저만치 앞서가는 당신의 뒷모습이
한때는 높은 산이었고
또 한때는 커다란 나무였습니다 .
나는 언제나 당신의 뒤곁에서
당신의 뒷모습을 보며 걸어왔습니다
이제는 나란히 걷고 싶습니다
도란도란 얘기하며 나란히 걷고 싶습니다
가슴 가득 묵은지 깊은 맛이 든 얘기들을
늘 뒤만 보고 걷느라 하지 못한 얘기들을
나란히 걸으며 나누고 싶습니다.
당신은 늘 그림자처럼 따르는 나를
인식하지도 못한 채 언제나 앞서 걸었습니다
이제 우리 손 잡고 나란히 걸어요
옆도 보고 앞도 보고 뒤도 돌아보면서
우리 천천히 걸어요 당신 그거 알아요
보기만 해도 눈물이 날 것 같은 그런 것
우리의 곰삭은 사랑이란 것을요

프리허그

올해도 어김없이 마늘쫑이
시장 좌판 한자리를 차지하고 있다
해마다 이맘때면 밥상 위에 오르던 마늘쫑
나는 올해도 마늘쫑을 상에 올린다
여름이면 호박 된장국에 열무김치
겨울에는 큼직한 두부가 들어간 김치찌개
늘상 먹던 어머니의 그 밥상인데
오늘따라 더 그 맛이 그리워진다
엄마는 큰 강이다
어느 하천에서 흘러오든
어디에 고여 있던 빗물이든
마다하지 않고 품어
맑은 강물로 흐르던 엄마의 강
실개천 같은 나의 가슴은
엄마의 강처럼 다 품지 못해도
퍼 주고 퍼 주어도 마르지 않는
강물 같은 엄마의 사랑이 남아 있어

나는 오늘도 엄마의 밥상을 차릴 수 있다
"엄마 맛있다"
딸이 내 어깨를 안는다
나도 딸처럼 그렇게 해볼 것을

바람의 유언

바람은 왜 바람인지 아시는지요
그냥 훅 지나가서 바람이래요
우리는 날마다 바람 한 줌씩을
소리도 나지 않게 날려 보내고 있습니다 .
만약에 그 바람들이
우리 안에 지나가지 않고 멈추어 있었다면
화산처럼 폭발했을지도 모르는
그렇게 지나가서 늘 산들바람이 되는 것이지요
감나무 잎 사이로 연초록 바람이 불어오네요
패랭이꽃 사이에 머물러 있는
저 정열이 넘치는 새빨간 바람과
하늘 달맞이꽃 속의 연분홍 바람도
언젠가는 다 지나가겠지요
그러면 또 실록의 대지 위에 젊음이 넘치는
활기찬 바람이 또 훅 지나가고
석양이 아름다운 바닷바람이 아주 느리게
마지막 말들을 머뭇거리고 있을 때

중천에 떠 있는 낮달이
그래 바람은 그렇게 지나가서 바람인 거야
혼자 말을 하고 있네요

비 오는 날, 그 섬

비 오는 날 그 섬에서
길을 걸어 보신 적이 있나요
작은 우산 하나로
추적추적 젖어드는 발길 위에
빗방울을 세어본 적 있나요
바다 위 뚝뚝 떨어지는 적막을 보신 적은 있나요
비오는 날 그 섬, 커다란 무대가 되어
숲과 들꽃과 산새와 풀벌레가 하나 되는
세상에서 가장 아름다운 공연을 펼칩니다
비 오는 날은 작은 섬들도
낮잠을 자고 있다는 것을
당신은 알지 못할 것입니다
안개 이불을 덮고
철썩이는 파도소리를 자장가 삼아
포근하게 잠자고 있는
저 작은 섬들을 보신 적 있나요
고개를 들어 먼 산을 보면

산허리를 감싸 안은 구름 사이로
햇살보다 더 빛나는 세상이 있다는 것을
당신은 아마 모르실 것입니다
길섶에 작은 들꽃이 웃는 모습도
비 오는 날이 아니면 볼 수 없다는 것도요
그 섬에 가서 들길을 걸어보세요
오늘 나는 비 오는 이 섬에서
사랑하는 딸과
십여 리가 넘는 내 어릴 적 등곳길을 걸었습니다

햇살의 체형

우리은행 뒤편에 오래된 한옥 한 채가 있다
오가며 눈길이 머물게 한 고즈넉한 한옥
둥근 기둥에는 어느 목공의 대패자국이
비스듬히 한쪽으로 기울어 있다
숭숭 뚫린 창호지 문엔 햇살은 격자무늬 몸매가 된다
언제부턴가 거미들이 집주인이 되어
안방에 들어온 둥근 햇살집을 짓는다
격자무늬의 햇살과
기와지붕 위 주름치마 같은 햇살과
둥근 기둥에 기대어 멀대같이 서 있던 햇살도
오늘은 체형을 바꿔 모로 누워 있다
마당가에 누워있는 둥근 기둥과
저만치 내동댕이쳐있는 창호지문
아무렇게나 뒹굴고 있는 기왓장들이
서로의 결이 되어온 수많은 날들
꼭 그만큼의 두께로 햇살을 쌓아놓고
늙어가고 있다

등

그곳에 들어서면
내 키보다 더 큰 잡초들이 주인이 되어
넓은 들을 점령한 후 자리 밀려난 지 한해가 지났다
날마다 허리 굽혀 잡초를 뽑던 그 사람은
이제 늙은 고목처럼 자리에서 움직일 줄을 모른다
참깨며 들깨며 마당 가득 채워두고
가을이 영글어가던 그곳
언제나 북적대던 대청마루도 긴 잠에 빠져 있고
반지르르하던 장독대는 윤기를 잃은 지 오래다
움직임도 버거운 저 굽은 등
마루에 걸터앉아 허공을 바라보는 애절한 눈빛
헛간에 걸려있는 기운 없는 농기구들
주인의 손길을 기다린 지 오래다

| 제2부 |

그녀는 지금

긴 터널을 지나 햇빛 쏟아지는 도로에 섰던 그녀
어둠 속에서도 빛을 잃지 않고 등대 같았던 그녀
여리고 가냘퍼서 가을바람에 쓰러진 그녀
다리 기브스가 무겁다
내 인생에 긴 휴가를 받았다는 그녀에게
감이며 고구마 수확도
그녀의 휴가를 방해하지는 못했다
정형외과 병동에서
얼굴을 파묻고 성경을 베껴 쓰고 있는 그녀는
세상에서 절 구경이 제일이라며
머리로 반야심경을 외우고
입으로 관세음보살을 달고 살더니
이제는 관세음보살이 아멘으로 바뀌고
백팔 배가 아닌 주기도문을 외운다
교회에서 배운 한글 덕분에
어두운 터널을 빠져나와 빛을 보게 되었다는 그녀,
팔순이 넘은 우리 언니다

겨울초록

백야도 그곳에 가면 오래된 손두부집이 있습니다
허리 굽은 할머니가 올해도 김장 삼백 포기 했다고
굽은 허리가 더 땅과 가까워졌습니다
할머니가 담근 김치에 양파를 썰어 넣은 양념간장에
손두부 반모에 낭도 막걸리 한 병이면 행복한
고향 옛집 같은 손두부집이 있습니다
가끔 찾아가는 백야도 둘레길
둘레길을 걷노라면 밑둥까지 잘려나간 잡목들이
절벽 아래서 애절하게 서로의 안부를 묻는 소리
푸른 바다가 서로의 밀어로 속삭이는 소리
잎을 내리고서야 들을 수 있습니다
잘려나간 밑둥들은 죽은 듯 한 철을 보내고서야
이 겨울 아주 파란 새싹을 틔우고 있습니다
잘려진 밑둥에서 피어난 겨울 초록입니다
손두부집 할머니의 굽은 허리에도
날마다 발길 행복한 겨울초록이 돋습니다

겨울 풍경

버려진 새끼강아지 두 마리가
품으로 들어왔다.
겨울 나목처럼 벌거벗은 마음에
아무리 따뜻한 햇살을 쏟아도
눈 하나 깜박하지 않고
차가운 겨울 속에서 떨고 있더니
어린왕자를 닮은 순수한 아이들이
"초코" "파이"라고 이름을 붙여주고
따뜻한 마음으로 눈 맞추어 주니
손만 내밀어도 달아나던 강아지들 마음에
조금씩 새싹이 돋아난다
버림받는다는 것
사람도 걷지 못할 힘든 길을
어린 새끼강아지 걸어 나왔다
겨울 햇살이 마음을 녹여주는
양지바른 잔디 위에서
대자로 누워서 낮잠을 자고 있는
저 평화로움, 참 따뜻한 겨울 풍경이다

풀꽃

아침 이슬을 머금어
청초한 풀꽃이
나와 눈이 딱 마주치면
작은 몸짓이 떨고 있지 싶다
여름 내내 뽑고 또 뽑힌 저 풀들이
가을이 오는 것을 눈치챘는지
이슬방울인지 눈물방울인지
한 방울 뚝 떨어진다
저 꽃 한 송이를 피우기 위해
한여름 폭염에도 이슬 한 방울로 버텨온
풀꽃,
나도 꽃 피웠다고
할 일을 다한 그 자리에서 편안하다

고향길 · 1

산이 높아
해가 지기도 전에 어둠이 먼저 온다는
그곳에 가면 가을에는 단내가 난다
소먹이던 아이들이 소를 몰고
산길을 내려오면
산 그림자는 어느새 아이보다 먼저 내려와 있고
마당가 담벼락이 어둠을 이고 있던 그곳
이 가을 산열매들이 익어가고 있겠다
가을하늘 솜털구름 만큼이나 고운
내 유년의 기억들
새콤한 산다래 달콤한 으름
빨간 보리수 달디단 꾸지뽕
억새꽃 한 웅큼 꺾어 소 엉덩이 두들기면
살랑살랑 꼬리 춤추며 황소도 웃던 그곳
아이도 황소 따라 웃고
황소도 아이 따라 웃던
들국화가 지천이던 고향길 그 길

아버지의 빈 지게·2

벼이삭이 누렇게 익어갈 때면
고개 숙인 아버지가 그리워진다
누렇게 익은 볏단들이 남의 손으로 거두어질 때
아버지는 차마 고개를 들지 못했다
그날부터 일구어진 비탈진 산을
새밭으로 일구던 아버지는
새밭에서 나는 고구마가 더 맛있다고 했다
그 길만이 최선이라 믿었을 것이다
등에 붙지 않은 지게로 나른 돌들이
하나의 등천이 되었다
긴 담뱃대를 물고 돌 등천에 앉아
먼산 바라보던 아버지는
돌짐 만큼이나 무거웠을 삶의 무게를
지게 하나로 버티었을 것이다
헛기침 한 번으로 무언의 가르침을 주었던
커다란 나무와도 같았던 아버지는
내 꿈도 바꾸어 놓았다며

너무 작은 나무라서 그늘도 되지 못한다 했다
그래도 나는 아무리 햇살 강한 날도
아버지의 그늘에서 쉴 수 있었고
작은 나무가 못 다 가린 햇살은
들풀에게 나누어줄 줄도 알았다
그것은 아버지의 사랑이었다
아버지가 가시고 난 뒤에도
아버지의 빈 지게는
헛간 한켠에 기대서서 아주 오래도록
우리를 지키고 있었다

엄마의 냄새

찬바람이 윙윙거리며
문풍지 사이를 비집고 들어올 때
윗목에 앉아 물레질을 하던 엄마
엄마의 무릎을 베고 누우면
고운 꿈도 별처럼 내 가슴에 들어와 같이 누웠다
달그림자도 방문 앞에 내려와 앉던 밤
건너산 도깨비불도 잠이 드는
늦은 밤이 돼서야
엄마의 물레질 소리는 멈추었고
부엉이 자장가에 꿈길을 가곤 했다
생일날이면 고봉으로 담아낸 흰 쌀밥은
가을하늘처럼 맑게 살라는
생일상 앞에서 두 손 모은 엄마의 치성,
유리보다 더 맑은 앞 냇가에서
풀 먹인 하얀 무명치맛자락으로
얼굴을 닦아주던 엄마의 냄새는,
지금도 내 안에 서걱이는 엄마의 냄새다

섬 사람들

파도가 빚어놓은 한 점 조각품의 섬
자연이 내어준 넉넉한 품속에는
바닷물처럼 부드러우면서도
단단한 사람들이 살고 있다
밀물은 날마다 햇살을 안고 와
해초를 길러주고
바다는 하루도 쉬는 날이 없다
날마다 종종걸음으로 아침을 여는
바다가 있어
섬 사람들은 아주 옛날에도 배고프지 않았다
섬 사람들은 받기만 하는 것은 아니다
감잎이 피면 콩을 심는다는 것쯤은
눈치로 알고
햇볕과 바람과 눈과 비도
함부로 쓰는 법이 없다
자연에 기대어 사는 법을 안다

실없는 말

강원도 어느 산골
동강을 끼고 흐르는 곳에
엄마와 아들의 삶이 묻어나는
화면 속 이야기가 있었다.
들꽃 같은 엄마와 아들
매화꽃 찔레꽃 달맞이꽃 생강꽃
철 따라 꽃 따라 손가락 사이에 꽃물이 들고
벌들의 이야기에 귀 기울이다
꽃도 다 따지 못한다는 그 말
밤이면 별들과 달과 달그림자 드리우는 나무와
풀잎과 새들과 우주를
오롯이 혼자만의 것으로 품고 사는 청년
아마도 살면서
실없는 말은 한 번도 해 보지 못했을
꽃향기만큼이나 향기로운 청년의 미소가
꽃차를 만든다
가마솥에 쪄내는 꽃잎은 잠시 숨으로 젖어 있다가

햇살을 가득 품어 스스로를 줄이고 나면
눈 속까지 보이는 맑은 유리잔에서
꽃잎은 다시 피어나 생명을 얻는다

나도 저 꽃잎이고 싶다

표절하는 세상

시 한 줄 주워 보려고
수많은 기억을 뒤적이면서
표절할 문장 한 줄 찾기 위해
밤잠을 설치다가 문득 밤하늘을 바라보니
낮부터 달려온 그믐달이
모든 것을 다 비우고 서산마루에 걸려 있다
채우고 비움을 반복하면서
어둠 속에 빛을 주는 법을 배운
저 달
태양의 빛을 받아야 빛을 낼 수 있는
저 혼자되는 것은
아무것도 없다는 것도 알고 있다
어디 달뿐이랴
남들이 하는 머리와
남들이 입은 옷
남들이 신은 구두를 신고
유행이라며 으스대며 살고 있다

동백꽃의 사생활

바람이 많은 그 섬 동백나무는
많은 꽃망울을 갖지 않아도
만족할 줄 알고
화려한 봄꽃과도 다투지 않는다
그러다 문득 찬바람도 만나고
밤이면 별빛과도 만나고
발아래 마른 풀 속 새싹도
먼바다의 물결에도 안부를 묻는다
파도와의 속삭임도
바람이 전해주는 동백꽃의 사생활은
아무도 캐묻지 않는다
찬바람 부는 날은 무엇을 하고
겨울 햇살 따스한 날은 무엇을 하는지
매화꽃 망울이 입을 벌릴 때면
마음 조급해하지 않고
아무런 간섭 받지 않은 동백꽃은
오늘도 붉은 시 한 편을 쓴다

방향

소사나무 새싹이 필 때쯤이면
아침 이슬이 어린잎에 머물러 있을 때
대부산 오솔길 따라 오르다 보면
쭉쭉 뻗은 소사나무 가지를 꺾어
한 짐씩 지고 오는 동네 청년들의 지게 위에
봄 안개가 자욱했던 그때
섬 소녀는 날마다 소를 몰고 대부산에 올라
먼 바다를 바라보며 뭍을 그리워했다
바다가 가두어 놓은 그 섬
앞이 보이지 않은 자욱한 안개 속에서
소녀는 방향을 잡지 못했다
저 육지에는 소녀를 손잡아줄
어린 왕자가 있을 것이라 믿었다
바다가 들려주던 자장가와
소사나무의 속삭임이
뭍으로 가는 길을 열어주었지만
육지에서는 또 그 섬을 그리워했다는 것을

소녀는 세월이 지난 늦게서야 알았다
그 섬,
떠나있어도 늘 방향을 잡아주는 이정표임을
오랜 후에야 알았다

몸속으로의 여행

아직도 가슴은 따뜻하지만
마디마다 뼛속에는 하얀 꽃이 피었을 것이다
굽이굽이 돌아온 나이테는
몸속 어디쯤으로 더 돌아야 할지
길을 잃은 아이 같다
머리로만 쓰고 있는 오월의 장미향을
받아주지 못한 가슴
이제는 어디에도 채워둘 곳이 없다
벼려야만 채울 수 있는 오월의 향기
수많은 갈등과 미움과 사랑과
옳은 것과 그른 것들
셀 수도 없이 많은 사연들로 가득 찬 가슴은
아물지 않은 상처도 가득했을 것인데
이 가슴에 무엇을 더 채우랴
보듬을 수 있을 만큼만 보듬어 주자고 한다
내 몸 어딘가에 쉬고 있을
내 몸속의 여행자는 오늘도 여행일기를 쓴다

먼 산

멀리 보여서 아름다운 산이 있습니다
올라갈 수 없어서 신비로운 산입니다
그곳에는 어떤 풀꽃이 피는지
어떤 나무가 있는지 나는 모릅니다
그래서 한 번쯤은 가보고 싶지만
나는 갈 수 없는 먼 산입니다
그곳에는 작은 풀꽃도
더 눈 부실 거라는 생각입니다
하지만 나는 볼 수가 없습니다
새 소리는 더 청아할 것 같고
바람소리도 작은 소리로 속삭일 것 같습니다
밤이면 별들이 산마루에 내려와
아무도 모르게 도란도란
새벽이 오는 줄도 모를 것 같습니다
그래도 나는 가지 못합니다
그곳은 너무 멀리 있는
먼 산입니다

햇살의 편집

어느 봄 화단을 만들던 날
허전한 화단의 한 귀퉁이에
제일 먼저 봄을 알리던
민들레와 제비꽃을 정성을 다해 심었다
다음해 봄부터 제비꽃과 민들레는
나에게 환한 봄을 안겨 주었다
하지만 그것은 내 좁은 소견이었다
몇 년 동안 그들의 내통으로
온 뜰을 점령해 버린 염치없는 것들 앞에
나는 손들고 말았다
이제는 내 힘으로 어쩔 수 없어
햇살의 힘을 빌려 그들을 편집해야 했다
하얀 민들레 씨앗을 날려준 바람도
제비꽃씨 토드락거리는 햇살과의 속삭임도
기억 속 추억으로 남겠지만
내가 옮겨온 기억도
호미 끝을 휘두른 기억도

조용히 햇살 속에 편집되길 바랐다
나는 오늘도 호미 끝에 묻어있는
햇살과 바람을 바라보며
그들에게 미안해하고 있다

그러나 다시 가라 하면

'다시 가라 하면 나는 못 가네
마디마디 서러워서 나는 못가네'
이 노랫말처럼
내 인생 다시 가라 하면 못 갈 것도 없지만
굳이 다시 가고 싶은 마음은 없습니다
마디마디 서러운 길은 아니었지만
다시 돌아가고 싶진 않습니다
내 젊음이 다시 온다면
더 많은 것을 익히고 채우는
꽉 찬 사람이 되어보고 싶습니다
아무리 힘들어도 젊은 가슴을 채우는
그런 사람이고 싶습니다
그러나 나는 지금이 행복합니다
넘치도록 사랑해준 엄마의 딸이어서 행복했고
내가 사랑하는 아이들의 엄마인 것이 행복하고
어깨를 기댈 수 있는 내 편이 있어 행복합니다
키 큰 나무보다 작은 들꽃이

이슬은 더 많이 받을 수 있으니까요
풀섶에 모여서 옹기종기 살고 있는
작은 꽃을 피워내는 야생화 같은 삶
오늘도 하늘은 맑음입니다

소소한 일상

차 창문을 열고 손을 들어
출근인사를 하는 내 편에게
나도 손을 들어 인사를 하는 오늘도
가을 하늘이 맑음이다
조금 있으면 내 딸이
엄마, 하고 들어올 것이다
우리는 파란 가을 하늘과
몇 점 흰구름을 머리에 이고
종화동 해양공원 산책길에 나설 것이다
날마다 보는 하늘과
날마다 보는 바다와
날마다 만나는 사람들도
날마다 같은 날은 하루도 없는
봄 여름 가을 겨울이다
산책이 끝나는 지점 자판기에서
고급커피 한 잔씩을 뽑아 들고
우리는 세상에서 제일 행복한 모녀가 되어

호수 같은 바다를 앞에 두고
고급지게 커피를 마실 것이다
날마다 또 다른 바다풍광 앞에서
날마다 포즈를 잡는 딸아이에게
오늘 하루의 추억을 담아줄 것이다
동백나무 숲에서 짹짹거리는
도시 참새들의 수다를 들으며
오늘도 이렇게 소소한 하루가
소소하지 않길 바라며
딸아이와 나는 다시 일상으로 돌아갈 것이다

안개주의보

언제나 넓은 품을 내어주는 바다도
때론 고요하게 쉬고 싶은 때가 있습니다 .
민낯으로 세상에 비춰지는 모습 말고
자기만의 내면을 조용히 삭이고 싶을 때가 있습니다.
아무도 보지 않게 포근히 감싸 주는 안개 속에서
어리광부리듯 모든 것 다 내려놓고
하루쯤을 쉬고 싶을 때가 있습니다.
한 치 앞도 보이지 않는 그런 날이면
섬도 쉬고 싶습니다
고요하게 평화를 만나고 싶습니다
숲과 별과 벌레와 짐승과 나 자신도
고요와 평화를 만나고 싶습니다
산도 바다도 함께 쉬고 싶은 날
섬 속에 바다가 있고
바다 속에 섬이 있습니다

| 제3부 |

내 고향 오월은

내 편의 커다란 손바닥 안에서
오월의 산딸기가 발그레 웃고 있습니다
지금도 오월의 산딸기는 그리움입니다
그때도 지금도 산딸기는
모두가 그렇게 크고 탐스러운 줄만 알았습니다
아침 이슬 밟으면서 밭두렁을 돌며
커다란 이딱나무* 잎에 한가득 채워오던 그 산딸기도
그렇게 빨갛게 탐스러운 것인 줄만 알았습니다
하지만 벌레도 먹고 작은 것도 있다는 것을
엄마가 되고서야 알았습니다
이딱나무 잎사귀에서 나를 반기던 산딸기도
커다란 손바닥 안에서 웃고 있던 산딸기도
그것은 나를 위한 사랑이었다는 것도
산딸기를 따면서 알았습니다
나는 올해도 그 농익은 사랑을
내 편의 커다란 손바닥 안에서 꺼내먹으며
그때처럼 파란 하늘을 보았습니다

* 이딱나무 : 예덕나무.

생일케익

할머니
응?
할머니 생일케익에는 촛불이 많아 참 좋아
그렇지?
넘 예뻐
정말이네
나는 언제 이렇게 꽉 차지?
할머니만큼 많이 크면
치~ 할머니 나보다 더 작으면서

호호 하하
생일 축하 합니다
생일 축하 합니다.

봄이 오는 소리

온 세상이 수런거린다
하늘도 바다도 땅도 나무도 풀도
봄이 오는 소리가 들린다
땅속에서 톡톡 소리를 내며
새싹 올리는 소리
아직은 찬바람이 옷깃을 여미게 하는데
저들은 벌써 봄 속에 와 있다
식물은 결코 서두르는 사람에게는
이야기를 하지 않는다고 했다
여유를 갖고 오래 바라보는 사람에게만
이야기를 들려준다고 했다
내 귀에 들려오는 저들의 이야기소리는
겨우내 기다려온 내 마음을 알아차린 모양이다
조금만 기다려 달라 한다
꽃이 피면 더 많은 이야기가 있을 거라고

지금 이 순간

아침 산책길
벚나무 가로수는 가을을 지나
겨울로 가고 있고
따스한 햇살은 아직은 가을이라고
겨울은 먼 훗날이라 말한다.
장군도를 앞에 두고
공원 벤치에 앉으면
따스한 햇살과 부드러운 바람과
잔잔한 바다와 작은 배들과
바다 위에서 자맥질하는 갈매기와
유람선의 확성기소리는
바닷속을 유영하고
보이는 것 모두가
나와 함께 멈추어 있는 듯
세상은 환한 존재감이다.
여기에 앉으면
장군도의 커다란 밥상 위에

남산동과 돌산이
나와 함께 겸상을 하자며
푸른 나무젓가락 하나씩 올려놓는다.
금방 건져 올린 문어숙회와
우럭 매운탕과 새조개 삼합으로
한 상 가득 차려놓고
허리띠를 풀 것만 같다 .
내가 있어 저 맑은 세상도 있으니
지금 이 순간 나는
내 인생의 허리띠도 풀어야 할 것 같다
지금 이 순간은

삼월 섬, 그리고 바람

그 섬에서는
삼월의 바람이 날개를 단다
흔들리지 않고 피는 꽃은 없다지만
바람은 겨울잠을 깨우느라 조용할 날이 없다
산도 바다도 들도 개천도 잠든 겨울을 깨운다
깨워야 사는 삼월의 바람
그 섬에서는 더 속력을 내야 한다
바람이 분다고 쉬는 사람도 없고
바람이 분다고 꽃을 못 피우는 것도 아니고
나무의 새싹을 못 틔우는 것도 아니고
작은 풀꽃을 못 피우는 것도 아니다
해초들은 더 살찌워가고
바닷속 물고기들은 기지개를 켜고 나온다
그러다 바람은 간혹 지칠 때가 있다
그럴 땐 심술을 부린다
바람은 봄꽃을 시샘하는 것이다
아름다움은 시샘하는 것이다

바람으로 세상은 얼마나 아름답게 흔들리는지
바람은 모르고 있다
바람을 시샘하는 것은
아무것도 없다는 것을 아는 모양이다

만원의 행복

장날의 좌판 위에는 봄이 가득하다
대야에서 빼꼼 얼굴을 내민
고구마 토란 감자 생강 종자들의 새싹이
왁자지껄 소란스럽다
무거운 옷을 벗어 던진
사람들의 어깨가 가벼워 보이는 장날
헤집고 다니는 발걸음도 가볍다
아무리 돌아다녀도 내 발목을 붙잡는 것은
노란 프리지아 꽃향기다
지갑은 어느새 입을 열고 프리지아 향기를 담는다
나는 만원으로 올봄을 몽땅 다 샀다
돌아오는 발걸음도 날개 단 듯 가볍다

먼 산을 보다

황소가 마른풀을 뜯을 때까지
대부산을 누비던 내 유년이 있었습니다
그 산꼭대기 문바위에 앉아 먼 산을 바라보면
바다가 높은 성벽처럼 느껴지던 때가 있었습니다
탈출하지 못할 것 같았던 그 성벽
바다가 성을 허물지 않으면 저 먼 산은
영원히 신비의 산으로만 남아있을 것 같았습니다
바다 건너 바라보이던 육지의 그 먼 산
그렇게 가보고 싶었던 그 산 아래
지금 내가 살고 있습니다
대부산 꼭대기에서 바라보던 그 먼 산은
나에게 많은 것을 내어주었습니다
사랑과 추억과 그리움과 돌아보면 미소가 번지는
내 삶의 전부가 그 산 아래 있습니다
나는 또 이쪽에서 그쪽의 먼 산을 바라봅니다
바다는 성벽이 아닌
그 섬을 이어주는 실크로드라는 것도 알았습니다

제비꽃의 소망

나도 저들의 수다 속으로 들어가고 싶다
곱고 향기로운 저들의 친구가 되고 싶다
나도 꽃을 피운다 앙증맞고 예쁜 작은 꽃을
화단이라는 울타리 안에서 나를 유혹하는 저 꽃들
하지만 나는 그 안에 들어가지 못한다
나더러 잡초란다 나는 잡초가 아니라고
내 이름은 제비꽃이라고
아무리 큰소리로 외쳐 보아도
아무도 나에게 눈길 한 번 주지 않는다
영원히 저들과는 어울리지 못하고
바라만 보는 나는 어느 님이 혹여라도 웃어준다면
길섶이든 들녘이든 나는 행복할 것이다.
저 화려한 봄꽃들과 어울릴 수 없어도
내 여린 꽃망울을 흔들어 주는 바람이 있어서
나는 행복할 것이다
누가 내 이름을 불러주지 않아도
내 이름은 보랏빛이 고운 제비꽃이다

오월의 밥상

비가 와서 좋은 날
오월의 비는 싱그럽다
연초록의 잎 사이에서 떨어지는 빗방울
상추잎을 뜯는다
이 여린 식물도 저가 감당할 양만 안고
나머지는 내려놓는다
노랗게 물든 상추 전잎을 뜯어내며
나는 저 상추만도 못하게 너무 많은 것을 갖고 있다
그릇그릇 욕심을 채워 아침 밥상을 차린다
양상추 셀러드에 겨자소스 뿌리고
적상추 불똥 뚝뚝 꺾어 겉절이 하고
머윗대 나물은 달달 볶아내고
동네 낚시꾼이 월척이라고 건네준
돔 한 마리 구워내니
네 편은 진수성찬이라며 셀카를 찌는데
앞산의 키 큰 나무들이 기웃기웃 웃고 있는
비 오는 날 오월의 밥상이다

이끼꽃

그늘지고 습한 곳에 살고 있다고
우리의 마음까지도
다 어두운 것은 아니랍니다
어느 날은 바람과 만나고 햇살과 만나고
달빛과 만나고 별들과 만나고
가슴을 적시는 산새들의 노래와도 만난답니다
겨울이 되어
온몸을 파고드는 칼바람을 막을 수 있는 것은
우리의 결이 있어서입니다
서로의 뿌리를 껴안을 수 있는 결이 있어
따뜻한 온기로 푸른빛을 지키면서
숨죽이며 계절을 지나왔던 것이 꿈결 같아질 때
다시 봄은 오고
서로의 몸을 느슨하게 풀고
꿈틀거리던 새싹이 꽃대를 내밀며
세상 참 아름답게
그늘진 자리에도 꽃은 피어날 것입니다

상처

팔월대보름과 설날
일 년에 딱 이틀 쉬는 어시장
바닥은 오랜만에 뽀송뽀송
제 몸을 말려놓고 하루의 휴식에 들어 있다
한쪽 구석에 치워져 있는 할일 다한
스치로폼 어 상자들
빈 몸으로 시장통 구석을 지키고 있다
세상에 나올 때는 목화솜처럼 하얗게 웃으며
세상을 맞이했을 하얀 스치로폼 상자
세상에 뒹굴고 헉헉대며 살다보니
땟국물이 지워지지 않는다
어디에 부딪친 줄도 모르게
군데군데 움푹 들어간 상처들
비우고 채움을 반복하면서
낡아가는 어 상자들,
땟국물 잔뜩 뒤집어쓴 채 서 있는
내 모습이 거기에 있다

하지와 동지 사이

나는 아침마다 산책길에 오르면
해님은 조금씩 느린 걸음으로
하지와 동지 사이를 바다에서 걷고 있다
삼섬과 이삼섬 머구섬을 지나
검바위와 삼섬의 좁은 사이를
동지에서 하지까지 느린 걸음으로 걷는다
안개가 자욱한 봄 운 좋은 날은
검바위와 머구섬의 좁은 사이에서
붓으로도 표현해 낼 수 없는
물꽃을 피운다
동지가 되면 해님도 추위가 두려운지
숨 가쁘게 산 위로 오르고
하지가 되어 뜨거운 몸을 바다에 담그면
하늘과 바다는 붉게 타오른다
이곳에 오면 나는 날마다 일출을 본다
구름 사이에서 산 위에서
바다에서 섬 사이에서

날마다 조금씩 걸어가는 해님을
나도 따라 걷는다 하지와 동지 사이를
아침마다 느린 걸음으로 따라 걷는다

*삼섬, 이삼섬, 머구섬:금오도에 있는 무인도 지명.

나를 설레게 하는 것들

있는 듯 없는 듯 함초롬히 피어나는 해국
날마다 눈길 마주하고 있을 때
산국은 아직 꽃망울을 터뜨리지 못하고
가을은 이만큼 왔다고 나를 설레게 합니다
어느 날 새 방에서 처음 잠들었던 밤
내 얼굴을 자꾸만 간질이는 느낌에
부스스 실눈을 뜨고 창밖을 보니
보름 지나 조금 기운 고요하고 은은한 고운 달빛이
내 단잠을 깨우고 있었죠
사방이 적막한 풀벌레도 잠든 밤에
저 고요한 빛이 마음속으로 들었습니다
그 달빛 아래 들길이나 고샅길을 걸어본 사람과
창호로 들어온 달빛이랑 물레질하는
어머니의 무릎 위에 함께 누워본 사람이라면
설렘이고 추억이고 그리움입니다
내 베개 위에 누워있는 저 달빛 위로
나는 머리를 둘 수 없어

달빛이 일어날 때까지 곁에 앉아 있었습니다
앞산 위에서 흘러가던 구름 조각도
차마 달빛을 가리지 못했습니다
저 달은 날마다 기울고 채움을 반복하면서
내 창가에 찾아와서 추억과 그리움을 안겨줄 것입니다

그 섬에 산국이 필 때면

그 섬에 산국이 필 때면 겨울 냄새가 난다
화로 속에 묻어둔 군고구마를 꺼내주던
울 엄마 냄새가 난다
따뜻하고 달달한 그윽한 향기가
온 섬을 휘감는다
산에도 들에도 마을길에도
손만 뻗으면 닿을 수 있는 곳에
피어있는 노란 산국
산국이 피면 그 섬의 바다도 노랗게 물든다
텅 빈 밤이면 산국의 노란 향기는
달님도 별님도 마음 설레게 해 놓고
모르는 척 시침 떼고 저녁 이슬을 먹는다
아마도 산국의 따스한 향기가
달빛과 별빛 속에 스며들었을 것이다
그 섬에서는 산국이 피면 겨울을 준비한다
향기만큼이나 따뜻한 사람들이 살고 있는 곳
한 계절을 아름다움으로 가득 채우고

유리잔 위에 피어나는 꽃차 속에서 다시 피는 꽃
그래서 그 섬에서는 산국이 필 때면
산국향기를 따라나선 고등어 매가리가
얼떨결에 오늘도 우리 밥상 위에 오른다
따뜻하고 달큰한 사람냄새가 난다

여기, 농부 둘

그 옛날 섬 사람들의 주식이었던
고구마가 사라진 지 오래다
자연 앞에서 사람이 지고 말았다
콩 새싹은 고라니가 먹어 치우고
땅콩을 심으면 산새들이 다 까먹고
올해도 어김없이 멧돼지는 출몰했고
고구마는 싹쓸이 당했다
땅속 내막을 사람보다 훤하게 더 잘 알고 있어
그놈이 뒤지지 않은 뿌리는 맹탕이다
간이 배 밖으로 나온 녀석은
기주네 집도 남필네 집도 담을 넘어
집 안 텃밭까지 다 털었다
염치라고는 약에 쓸려 해도 없는 녀석들
애써 농사지은 사람의 마음을 조금이라도 헤아려준다면
밤마다 그렇게 숨어들지는 않았을 것이다
올해도 우리는 고구마는 멧돼지에게 보시하고
밀 보리 심은 밭은 까치 떼의 밥상이 되었다

밀보리밭의 까치 떼를 애써 말리던 햇님도
그만 속상한지 구름 속으로 숨어 버리고
밤마다 도둑처럼 출몰한 멧돼지의 횡포에는
지켜보던 달님도 얼굴이 새하얗게 질리고 만다

쫑긋

치열하게 한 해를 살아낸 잡풀들도
이제 느긋하게 제 자리에 누워서
초겨울의 햇살에 몸을 맡기고
느슨하게 여유를 즐긴다
초봄부터 쉬지 않고
햇살과 바람과 곁이 되면서
때로는 목마르고 비에 젖어도
싹틔우고 꽃도 피우는 저 여린 것들도
이제는 쉴 법도 한데
어둠 속에서 두 귀를 쫑긋 세우고
봄을 기다렸다는
저 철없는 소갈머리라니
어느 햇살 좋은 날
꽃대를 쏙 올려놓은 철없는 저 꽃
아네모네
어제 내린 초겨울 비를 봄비인 양
새빨간 꽃을 피워내고 말았네

이제 12월인데
너 어쩌려고
저 꽃 두려움도 없고 흔들림도 없다
또 한 생을 살아낼 것이다
내 마음을 흔들면서

나는 금오도 비렁길로 시를 주우러 간다
—봄, 피다

햇살 좋은 날 나는
시 한 편 주워 보려고 비렁길로 나선다
저렇게 많은 시어들이 아름답게 널려있는데
나는 줍지 못한다
발길 닿는 곳마다 누군가 먼저 다 주워갔거나
손이 닿지 않는 곳에 숨어있거나
너무 멀리 있어 줍지 못하거나
손에 잡힐 듯 잡히지 않는다거나
발길마다 떨어져 있는 시어들을
나는 하나도 줍지 못한다
다가가면 바람이 훅 날려 버린다거나
바닷가에 다다르면 파도가 삼켜 버린다거나
하늘을 보면 햇살이 가려 버린다거나
먼 산을 보면 안개가 자욱하다거나
다 보이지도 다 들리지도 않아서
그래서 나는 시를 줍지 못한다
바람과 구름과 햇살과 파도와 먼 산과

큰 나무와 벌들과 참새와 동박새와 까치와
꽃이 필 때 꽃이 질 때
날마다 아름답게 꾸며가는
이 섬에 있는 모든 자연 앞에
내가 주우려 하는 시 한 편이라도 주울 수 있게
방해하지 말아 달라고 부탁이라도 해야겠다
조금 있으면 봄이 필 것이니
멧돼지 똥에서도 튤립이 필 것이니
근간도 모르는 그놈의 똥에서도 봄은 필 것이니

계절의 사소한 떨림

벚나무 가로수 잎이 가을하늘 만큼이나
고운 빛깔로 길 위를 덮고 있다
봄부터 가을까지 많은 얘기를 들려주던
저 벚나무 가로수는
한 잎 두 잎 떨어지는 잎을 바람에 맡기면서
조용히 침묵하고 있다
앞산도 지금 분주하게 가을을 준비 중이다
산벚나무 아래서도 작은 들꽃이 피고
산길 돌아보면 좁은 돌 틈새에서도
어디든 비집고 나오는 들꽃들
녹녹치 않은 삶인데도 때 되면 꽃은 피운다
가을 하늘과 바람과 햇살이 빚어놓은
이 계절의 풍경이 있는 나의 생일날 아침
들꽃 한 움큼 쥐고 와
컵에 소담스럽게 담아두고
말없이 씩 웃고 돌아서는 그의 뒷모습이
이 계절의 풍경과 저녁노을 같다

| 제4부 |

멍 때리는 숲

태풍이 지나는 날
나는 창가에 앉아 멍 때리는 중입니다
불멍도 아니고 물멍도 아닌 바람멍입니다
나뭇잎만 뒤집는 조용한 바람이 아니라
온몸을 뒤집는 나무와 풀과 꽃들이
일제히 바람의 방향에 따라 누웠다가 일어납니다
소리마저 요란하게 세상을 흔듭니다
나는 방안에 앉아 있어도 흔들리는 것 같아
중심을 잡아 보려 하지만 나도 따라 흔들립니다
어서 이 요란한 바람이 조용히 지나가면 좋겠습니다
나뭇잎과 풀잎과 꽃잎과 작은 들꽃이
무사하면 좋겠습니다
산들산들 가을바람이 불어오면 멍을 때려볼 일입니다
나무와 풀과 꽃과 바람이 함께
바람멍을 때려볼 일입니다

벚꽃 십리길

옛집으로 가는 벚꽃 십리길
첫사랑을 훔쳐보다 들킨 소녀의 볼처럼
불그레한 꽃잎은
혹여 바람에 들킬세라 얼굴을 더 붉힌다
그 옛날 그 길은
우리들의 추억이 서려 있는 곳
봄이면 그 길은
하얗게 핀 산딸기꽃과 벚꽃이 채워 주었다
나는 이곳에 꽃들이 필 때면
추억을 소환해서 그 길을 걷는다
올해도 나는 벚꽃 십리길을 걸었다
혹여 바람이 벚꽃 잎 하나라도
내 머리 위에 올려준다면
그 꽃잎 나와 함께 십리길을 걸을 것이다
휴대폰에 흘러나오는 노래소리에
벚꽃도 마음 감추지 못하고
따라서 흔들리고 있다

봄이 되면 세상 제일 행복할 저 벚나무
그 행복을 얻기 위해
밤낮을 가리지 않았을 수고로움이 있어
환한 봄날을 만들어 준 벚꽃 십리 길을 걷는다
그래서 올봄도 봄의 노래를 부를 수 있다

참 쓸쓸하다는 가을

누군가는 굴러가는 낙엽만 봐도 쓸쓸하다 하고
달이 하 밝아 쓸쓸하다 하고
햇살이 너무 고와 쓸쓸하다 하고
서늘한 바람이 살갗에 닿아 쓸쓸하다 하고
가을에는 하늘만 바라봐도 쓸쓸하단다
나도 쓸쓸한가
어쭙잖은 농부의 하루는 보리파종도 해야 하고
생강도 캐야 하고 토란도 캐야 하고
벌레가 써놓은 배춧잎 일기장에
나도 따라 일기도 써야 하고
여름 내내 나를 괴롭히던 잡초들도
노랗게 동안거에 들었는데도
그놈의 괭이밥풀과 장구나물 덕분에
나는 쓸쓸할 틈이 없다
나만 보면 있는 대로 꼬리를 흔들어 주는
강아지 초코와 파이가 있어 더 그렇다
나는 이 가을이 가고 겨울이 오면

그때서나 쓸쓸해질까 해
낙엽 내린 앙상한 나무 올려다 본다

그리움을 긁는다

새하얀 백합 같은 백지 위에
너희를 향한 그리움을
무슨 색으로 표현을 해 볼까
'할머니 오늘은요'
거리는 멀어도 내 손안에서
날마다 너희들의 향기가 터진다
백합의 향기가 나고 모란의 향기도 나고
'엄마 잘 계시죠'
보고 싶다는 말 그립다는 말
하얀 백지 위에 색칠해 본다
지금 이 섬은 온통 연둣빛이라서
너희를 향한 그리움의 색을
연두로 칠해 볼까
원종 튜울립 같은 진분홍으로 할까
붓꽃 같은 보라색으로 할까
'어머니 요즘 무슨 꽃이 피었어요'
그래, 니들처럼 곱고 예쁜 연분홍으로

그리움을 색칠해 보자
연두색과 연분홍색이면 좋겠다
니들을 꼭 닮은 젊고 예쁜 색
몸은 거리를 두었어도
마음은 언제나 내 손안에서 톡톡하고 분주하다
언제쯤이면 이 그리움을 거두고
왁자하게 모여 앉아 밥 한 그릇 먹을거나

맑은 세상이면

참 맑다 세상이 이렇게 맑아야지
날마다 온 세상은 안개 속처럼 뿌옇다
언제쯤이면 맑은 세상을 맞이할까
봄비가 오시고 난 후처럼 그렇게 연둣빛으로
맑았으면 좋겠다
사람과 사람 사이 정을 나누는 것은
서로 얼굴 마주하고 밥 한 끼 같이 먹는 것이 제일이다
남이 차려준 밥상은 더 맛있는 법
옛날처럼 웃으면서 달게 먹는 모습들이 보고 싶다
이곳에 오시는 방문객들은 모두가 행복한 모습들이다
바다색이 너무 곱다고 행복하다 하고
바다 위에 떠 있는 섬들이 정겹다고 행복해 하고
상추 한 잎 뜯으면서도 행복해 하는 그들에게
나는 예전처럼 밥상 한 번 차리고 싶다
어쩌다 노부부나 젊은이들을 보면
나는 나도 모르게 아침상을 차리고 있다
집밥이 그리웠다는 젊은이들

오랜만에 남이 해준 밥상을 받아본다는 분들
달게 먹던 그들이 보고 싶다
서로 다가서지 못하는 안개 속 같은 세상
봄비가 오신 뒷날처럼
그렇게 맑은 세상이면 좋겠다

꽃무릇과 호랑나비

향기도 없는 나에게
그대는 어이해 해마다 잊지 않고
나를 찾아 오시나요
어느 먼 곳에 있을지도 모르는
당신을 만나기 위해
나는 긴긴 겨울 당신만을 생각하면서
파란 겨울을 견디어 왔습니다
초여름이 되면 모든 걸 내려놓고
당신을 맞을 준비에 가슴 설레면서
앞산의 나뭇잎이 조금씩 지쳐가고 있을 때
나는 온 힘을 다해 당신을 맞으러 갑니다
내 빨간 볼 위에 당신이 살포시 앉으면
내 심장은 터질 듯합니다
당신의 자태는 우아하고 기품이 넘쳐
차마 범접할 수 없습니다
구월의 초가을 하늘 아래
오직 나만을 위해서 오신 당신

아무리 아름다운 꽃들이 유혹을 해도
눈길 한 번 주지 않는 당신
나는 해마다 당신을 위해
구월이 되면 온 힘을 다해 꽃을 피울 것입니다
세상이 끝날 때까지 사랑할 것입니다

가을색

감나무 꼭대기에 남겨놓은
까치밥을 보면
가을은 빨강 색인가 싶고
노랗게 피어있는 산국을 보면
가을은 노란색 같기도 하고
보라색 해국을 보면
가을은 보라색이다 생각했다가
하얀 억새가 바람에 흔들리면
그렇지 가을은 하얀색이구나 싶다가도
분홍색 코스모스를 보면
그래 가을은 분홍색이야
갖가지 색을 가진 국화를 보면
가을은 갖가지 색을 다 가진 듯하고
이 모든 색을 다 섞어 비빔밥을 만들어 놓으면
아마도 파란 가을 하늘색이 될 거야 생각했다가
새벽하늘 별이 쏟아질 것 같은 하늘을 보면
오색 구슬 색이지 마음을 정했다가

나의 가을은 무슨 색으로 할까
그래 바람 색으로 하자
이 가을 마음과는 다르게 욕심을 부려본다

시월상달

시월 보름 이틀 앞둔 열사흘 밤 삼경 무렵
창문을 가만가만 두드리는 달빛소리에
나도 가만가만 눈을 뜬다
구름이 가릴까 봐 노심초사하면서
어이해 저 고운 빛으로 나를 보러 오시네
저 달빛 내 무릎 베고 곤히 잠드시려나
쥐 죽은 듯 고요한 이 야심한 밤에
나는 고요한 마음으로 창가에 앉아
그대와 함께 이 밤을 맞네
남창을 지나 서창에 이를 때까지
난 그대와 함께하려네
혹여 내가 잠이 들거든
편안하게 잠들었다 웃고 가시려나
낮에는 그렇게 바람 불더니
그대 오시는 줄 알고 바람도 쉬고 있네
구름 사이에서 미소 짓는 그대의 모습은
늙은 아낙의 마음도 설레게 하네

오늘밤 그대 오시는 줄 알았다면
뜰에라도 마중할 것을
나 내일 밤은 그대 마중하려 하네
국화가 흐드러진 뜰에 나가
국화 향으로 그대를 맞으려 하네
고요하고 아름다운 밤
이 가을 그대가 있어 행복하네

그리움의 저편

나는 이렇게 포근한 고향에서 살고 있지만
문득 고개를 들어 하늘 저편을 바라보면
그리움으로 가슴이 저며온다
온 세상을 까맣게 물들여 버린 지금
보고 싶어도 보지 못하고 꽁꽁 묶여버린 세상
엄마, 모친님 건강하시오
농담으로 던진 모친이라는 단어가
왜 그리도 그리움으로 울컥해지는지
우리는 잘 있으니 걱정 말라는 말에도
그리움은 염치도 없이 가슴이 아리는데
서로 먼저 머리를 땋아달라며 줄을 서던 그 애들이
이제는 훌쩍 자라 꽃봉오리 같이 고운 아이들
문득 문득 그리움으로 다가올 때
언제쯤 이 안개 속에서 벗어날 수 있을까
기억조차 가물거리는데
날이 다르게 봄꽃은 향기롭게 피어나고

너희를 향한 마음은 이렇듯 봄날처럼 환하다

어머니, 금오도는 잘 있죠.

다시 온 영등씨

해마다 영등씨가 되면 바다가 해지 된다
이장님의 마을 방송은
며칠 전부터 봄이 왔음을 알린다
한 해를 가두었다 겨우 이틀 풀어준 바다
옛날에는 조금 때 빼고는 매일 바닷가에서
봄이면 조개 캐고 겨울이면 파래 뜯던
우리들의 놀이터였다
그래도 바다는 날마다 먹을거리를 내주었다
지금은 바다도 게으름을 피우나 보다
먹을거리가 넘쳐나는 줄을 바다도 아는 모양이다
조개와 우럭은 일 년이나 길러냈어도
조개 구멍이 그냥 맹탕이 많다
오늘은 웬 횡재인지
해삼과 군소와 성게까지 내주었다
오늘 저녁상은 아무래도 진수성찬일 것 같다
성게알 비빔밥에 해삼 물회에
군소는 삶아서 내 편의 친구들과

막걸리 안주가 될 것이고
내 편은 오늘도 저녁 밥상 앞에서
나를 치켜세워 줄 것이다
주름진 얼굴 마주보며
세월이 청춘을 데려가길 잘 했다고
우리는 지금 고목에서 꽃을 피우는 중이다

이 섬의 향기

수돗가에 툭 던져 놓고 간 방어 한 마리
오늘도 본동네 어장이 만선이었나보다
팔딱거리며 뛰고 있는 방어를 바라보며
이 섬이 내어준 많은 선물들을
너무 많아 셀 수도 없지만
요즈음은 바다가 풍년인가 보다
낚시꾼 원열이 아재가 한 대야 가져온
쏨뱅이가 서로 뒤엉켜 아직도 꿈틀거린다
우리는 준 것도 없는데 염치없이도
이렇게 앉아서 받아만 먹는다
앞산의 나뭇잎이 초록으로 물들 때쯤이면
바다도 덩달아 물기가 오르듯
어장에도 낚시꾼도 덩달아 생기가 오르고
이 섬도 따라 짙은 초록으로 물든다
"어서 오세요" 하며 노래하는 산새의 노래소리
이 새의 이름은 모르지만
우리의 아침을 열어주는 산새의 노래를 들으며

오늘도 방어회와 쏨뱅이 맑은 탕으로
우리는 또 초록으로 물들어 간다

금오도의 가을 편지
–감나무의 안부

가을이 조용하게 한 발짝씩 다가오고 있습니다
고향을 그리워하고 있을 그대들에게
이곳의 안부를 전해주고 싶습니다
가을이 되면 더 그리웠던 이곳
바다색은 더 곱고 하늘색은 더 맑은 이곳
밤이면 귀뚜라미 노래소리 더 청아했던 이곳
주인 잃은 감나무들이
꽃처럼 발갛게 익어가고 있습니다
돌담 안에 갇혀있는 감나무는
누군가의 포근했던 집 자리였지요
날마다 달그락거리는 부엌에서 새어나오는
고소한 냄새를 먹으며 자랐을 감나무들
돌담 안에서 혼자 남아있는 감나무의 안부를
그대들에게 전해주고 싶습니다
그대들이 돌보지 않아도
해마다 저렇듯 많은 열매를 달고 서 있습니다
올해도 그대들의 돌담 안에서

그대들을 그리워하고 있습니다
축축하게 가을비가 내리고 나면
감나무는 더 발갛게 달아오를 것입니다
그러면 이곳의 밤하늘은 별빛이 더 빛날 것입니다

금오도 편지·2

–고구마의 추억

빈 땅이면 어디든 헤집고 올라오는 억새풀이
지금은 하얀 억새꽃으로 만발해 있습니다
당신들이 일구어 놓은 산비탈 밭,
가을이면 고구마를 바지게로 한가득 짊어지고 내려오다
떨어진 고구마를 주우려고 무거운 짐을 다시 내리던 모습이
아직도 눈에 생생한데
지금은 하얀 억새꽃이 만발해 지나는 길손의 발목을 잡습니다
한 뼘의 땅도 놀리는 법 없었던 당신들이
떠나고 없는 이 섬에서는
가는 곳마다 묵정밭은 억새가 주인이 되어 있습니다
지금은 누구 한 사람 고구마를 심는 사람도 없습니다
섬 사람들은 고구마가 겨울의 주식이었죠
고구마 먹기 싫다고 투정도 부렸지만
잿불에 묻어 두었다 아침에 꺼내 먹던 그 맛을
지금도 기억하고 있는지요
별이 빛나던 가을밤 어머니가 내어놓은 찐 고구마를

마루에 옹기종기 앉아 먹던 기억은요
나는 오늘밤 마루에 앉아 군고구마를 먹습니다
달그림자 밟으며 놀던 저 달을 당신들도 보고계신지요
참 맑은 가을밤입니다

내 아들의 아들

음성도 모습도 똑같다
어느새 이렇게 자랐구나
보내준 택배마다 후기를 달아주던 아이
저승사자보다 무섭다는 중딩인데
엄마의 치마폭에서 이제사 나온 아이
기차도 배도 처음이라는 친구들과
이 먼 곳까지 자유 찾아온단다
얼마나 더 자랐을까
맛있는 것 먹으면 생각나는 아이들
사촌 누나들의 등쌀에 사내인 걸 포기하고
인형놀이만 하던 아이
전화기 너머로 들려오는 아이의 목소리에
이제 사내티가 묻어온다
의젓해졌겠구나
어여쁘기만 하던 너가 사내아이로 자랐구나
오월의 푸른 나무 같이 자랐구나

강풍주의보

강풍주의보란 문패를 걸어놓은 섬에서는
바람이 주인이다.
배들도 묶으란다.
길손들의 발목도 묶어놓으란다.
하루쯤은 여유를 부려도 된다고 귀띔해 준다.
가끔은 막걸리 한 잔의 낮술을 즐겨도 된다고
길손들에게는 늘어지게 낮잠 한숨 자도 된다고 말한다
거센 바람도 누구에겐가 쉼표가 될 수도 있다는 걸
섬 사람들은 알고 있다.
바람을 안고 등지고 길을 나선 길손들에게
조금은 더 여유를 가져보라고
발목을 잡는다.

가을바람의 노래

오늘은 록이 아닌 감성 트롯이었으면 좋겠다
이 섬은 날마다 온몸을 흔들어 대는
록 가수의 공연장이다
온 산과 들 나무들과 풀들과 들꽃들
바람의 노래에 취해 온몸과 머리를 흔들어댄다
아마도 바람이 가을임을 잊은 듯하다
밤이면 달과 별도 춤을 추지 않을지
그런데도 나는
조용한 노래를 듣고 싶을 때가 있다
가을이 되면 조용하고 고즈넉한 툇마루에 앉아
소곤소곤 속삭이듯 풀잎을 슬쩍 스치는
사그락거리는 그런 노래가 듣고 싶다
파란 가을 하늘 아래 눈부시도록 아름다운
옥색 바다가 가만가만 흔들리며
조약돌을 어루만지는 그런 노래
오늘도 이 섬의 하루는 록 음악으로 가득 찰 것 같다
아침부터 저녁까지 사방에서 쿵쾅거리며 드럼 치는 소리

바람도 힘이 들면 좀 쉬어가겠지
갈대가 조용조용 머리를 흔들고
코스모스가 수줍은 듯 몸을 흔들 때
어디선가 들려오는 바람의 노래
들릴 듯 말 듯 조용한 노래
"별빛 같은 나의 사랑아" 이런 노래처럼
내 마음을 사로잡는 감성트롯이었으면 좋겠다
가을 같은 감성으로
가을 노래를 하는 바람의 노래를 듣고 싶다

겨울나무

사람들은 겨울나무인 나를 보고
참 추울 거라 생각하지만
낮이면 빈 가지마다 따뜻하게 감싸주는
겨울햇살이 있어 따뜻하고
밤이면 찬 서리가 내려 얼마나 추울까 생각하지만
별빛과 달빛이 포근하답니다
겨울이 되면 나는 오직 나만을 위해서
겨울바람의 노래를 듣습니다
봄여름에는 들어볼 수 없는 바람의 노래를요
고요하고 조용한 겨울나무의 노래입니다
쓸쓸할 것 같다구요 고요하답니다
이 고요가 끝나면 나는 또 부지런히 살아야 합니다
내년 봄이 오기 전
나는 더 고요하고 조용한 마음으로
이 겨울의 따뜻한 햇살과 고요한 별빛과 달빛을
미음 가득 채워야 합니다
그래서 나는 이 계절이 쓸쓸할 듯 아름다운 계절입니다
따뜻함을 주는 햇살 같은 나날입니다

|해설|

자연과 더불어 행복한 공감화법

—곽경자의 시세계

신병은 | 시인

시 창작은 자연과학과 인문과학과 사회과학에서 삶의 공통언어를 찾는 일이다. 자연의 현상과 표징들을 살펴 진정성 있는 삶의 표징을 발견하고 새로운 상상력으로 나아가게 한다. 한계에 부딪힐 때면 소멸하지 않고 순환하며 변하지 않는 무한한 자연의 본질을 만나기를 꿈꾸며 거기에서 삶의 해답을 구하기도 했다. 봄이 되면 풀과 나무와 꽃들은 한순간에 새싹을 밀어 올린다. 겨우내 죽은 듯 멈춰 있던 것들이 때를 정확히 알고 기척하며 꽃 피우고 잎을 낸다. 어디에 저렇듯 이쁜 잎들이 숨어있었을까 싶어 가만히 들여다보면 정말로 세상은 기적이 아닌 게 없다는 것을 깨닫는다. 바람이 부는 것도, 아침에 해가 뜨고 저녁에 해가 지는 것도, 꽃이 피는 것도 사과가 빨갛게 익어가는 것도 이선희의 노랫말처럼 그중에 그대를 만난 것도 기적이다.

생떽쥐베리의 「어린 왕자」에서는 내가 좋아하는 사람이 그 또한 나를 좋아하는 것도 기적이라 했다. 정도전은 꽃이 피는 것으로 하늘의 뜻을 읽어낸다고 했다. "창문을 열고 편히 앉아 주역을 읽노라니 가지 끝에 흰 것 하나 하늘의 뜻을 보이노라" 무심히 가지 끝의 꽃눈 하나에서 하늘의 뜻을 읽어내는 통찰이다. 사소한 것에서 기적을 읽어내는 관찰이고 관점이고 통찰이고 통섭이다. 바람도, 햇살도, 기다림도, 의지도, 견딤도 늘 보던 모습이 아니라 또 다른 모습도 읽어낼 수 있다. 늘 만나던 모습으로가 아니라 낯설게 만나는 일이 깨달음이다. 나 아닌 세계의 마음 읽기고 마음 들여다보기다.

시 창작은 나의 눈이 아닌 세상의 눈으로 다시 들여다보고 읽어낸 내용들이다. 예술적 상상력 혹은 시적 발견은 거창한 이야기가 아니라 사람과 사람의 관계를 풀어내는, 사람에 대한 기본적인 이해를 고민하면서 우리 삶을 더 가치 있게, 아름답게, 의미 있게, 인간답게 풀어내는 일이다. 눈앞의 보이는 것들을 꿰뚫어 그 너머의 보이지 않은 것을 드러나게 하는 힘이며, 삶을 고양하는 능력이다. 남들이 보지 못하는 세계를 보기 위한 장치인 유추는 유비추리의 줄임말로 이미 알려진 사실로 미루어 다른 사실을 추론하는 방법으로, 둘 이상의 현상과 대상 사이에 연결된 기능적 유사성이나 내적 관련성을 통해 새로운 지식으로 나아간다. 즉 하나를 통해 열을 알아가는 유추에 의해 세계의 숨은 실체를 발견해 간다. 이렇게 보면 창조는 관찰이고 통찰이고 통섭의 원리에 기대어 단순한 모방이 아닌, 지금 여기의 현재라는 한계를 넘어 새로운 시간과 공간을 창출한다.

곽경자 시인은 자연과 더불어 자연과 함께 통섭하는 자연인이다. 자연을 통해 삶을 배우고 자연을 통해 삶의 즐거움을 만난다. 그가 태어나고 자란 금오도를 오가며 늘 꽃과 풀과 바람과 함께 살면서 그 속에서 자신을 돌아보고 삶의 선순환을 감지해낸다. 그에게 자연은 단순한 동반자 관계가 아니라, 삶의 진정성을 다지는 만남이고, 자신의 삶의 허영을 치유하고 살피는 관계다. 삶의 가치를 연상해 내는 상상력의 샘물이자 소실점이다.

자연과의 만남을 통해 뭔가 새로운 삶의 표징을 발견하고 아름다운 삶의 가치를 유추해낸다. 나무에게서 애써 해야 할 일이 무엇인지, 키를 세워야 하는 때인지, 꽃을 피워야 하는 때인지, 열매를 위해 다른 것들을 접어야 하는 때인지, 정확히 판단하는 지혜를 배우고, 제 운명을 껴안고 현재

있는 그 자리에서 행복한 안분지족安分知足의 덕을 배운다. 봄이 되면 땅속 어디선가 꽃대를 올리는 모습을 보면서 보이지 않는다고 꽃이 아닌 것이 아니라는 통찰도 배우고, 꽃을 피우는 일은 인간과 자연이 함께 연주하는 협주곡임을 깨닫는다. '나는 신선함 없는 어제와 같은 꽃으로 보고 지나치지 않았을까, 새로 피어난 꽃도 작년의 꽃과 똑같게 보지 않았을까, 꽃의 한쪽 모습만 보고 있지는 않았을까' 하는 성찰로 나무와 꽃과 풀에게서 한평생을 배워가는 것이다. 그래서 그에게 해마다 피어나는 꽃이지만 늘 보던 그 꽃이 아니라, 올해 만난 새로운 꽃이다.

그의 시를 만나면 우리가 보던 자연에 대한 단편적인 시선과 안목을 부끄러워할 수밖에 없다. 시 창작에서 갖추어야 할 사고유형이 창조적 사고, 비판적 사고, 공감적 사고, 통섭적 사고라면 그녀의 시적 사고유형은 자연과 더불어 공감하고 통섭하는 사고일 것이다. 세계는 하나의 생명체, 즉 기본적인 생명의 단위가 '온생명'이다. 그리고 우리가 그동안 생명이라 생각해 온 각각의 개체들은 '낱생명'에 속한다. 그래서 그의 생태관은 여러 생물종 중에서 인간을 포함시킨 수평적 시각의 언어, 인간과 자연의 관계를 총체적이고 상호적인 것으로 파악하는 입장이다.

생태계가 중시하는 관점은 관계성net-work이다. 모든 생명체가 소통하고 순환하며 서로의 다양성을 인정한다는 것으로 생태계가 평화롭게 존립할 수 있는 핵심가치다. 인간과 자연이 진정으로 함께할 때 비로소 인간은 우주가 될 수 있다. 꽃을 이해하고 나무를 이해하는 일이 인간을 회복하고 지구의 생명력을 복원하는 시작임을 분명히 한다. 그는 오늘도 자연의 텃밭과 마당에서 삶의 단면을 들여다본다.

온 세상이 수런거린다
하늘도 바다도 땅도 나무도 풀도
봄이 오는 소리가 들린다
땅속에서 톡톡 소리를 내며
새싹 올리는 소리
아직은 찬바람이 옷깃을 여미게 하는데
저들은 벌써 봄 속에 와 있다
식물은 결코 서두르는 사람에게는
이야기를 하지 않는다고 했다
여유를 갖고 오래 바라보는 사람에게만
이야기를 들려준다고 했다
내 귀에 들려오는 저들의 이야기소리는
겨우내 기다려온 내 마음을 알아차린 모양이다
조금만 기다려 날라 한나
꽃이 피면 더 많은 이야기가 있을 거라고

—「봄이 오는 소리」

진정으로 소통하면 보이지 않고 들리지 않은 것들을 보고 들을 수 있다. 봄을 맞는 시인의 소통법과 생명들이 온 세상이 수런거리며 약동하는 봄의 풍경이다. 그러면서 자연은 서두르지 않고 여유를 갖고 오래 지켜봐 주는 사람에게 자신을 열어준다. 순리대로 사는 삶의 즐거움을 보여준다. 시는 일상과 자연이 우리에게 전해주는 삶의 메시지다.

자연은 우리 삶의 벗이자 스승이다, 시인은 눈만 뜨면 돌, 풀, 바람, 꽃, 나무, 나비 등의 대상과 현상 앞에 쪼그려 앉아 그들과 대화하고 그들에게서 참으로 많은 것을 배워간다. 풀이 하는 이야기, 꽃의 이야기를 듣는다. 시인의 눈길이 닿는 곳마다 과장과 허구가 아닌 삶의 다큐, 생명의 탄생과 소멸, 부활의 과정을 감동적으로 그려낸다. 생명들의 작은 움직임과 거대한 하모니까지 그들의 생활을 통찰해낸다.

> 강풍주의보란 문패를 걸어놓은 섬에서는
> 바람이 주인이다.
> 배들도 묶으란다.
> 길손들의 발목도 묶어놓으란다.
> 하루쯤은 여유를 부려도 된다고 귀띔해 준다.
> 가끔은 막걸리 한 잔의 낮술을 즐겨도 된다고
> 길손들에게는 늘어지게 낮잠 한숨 자도 된다고 말한다
> 거센 바람도 누구에겐가 쉼표가 될 수도 있다는 걸

섬 사람들은 알고 있다.
바람을 안고 등지고 길을 나선 길손들에게
조금은 더 여유를 가져보라고
발목을 잡는다.

—「강풍주의보」

좋은 시는 자연을 제대로 읽어낸 삶의 이해가 있는 시다. 위 시는 '강풍주의보란 문패를 걸어놓은 섬에서는 바람이 주인'이라는 첫 구가 가슴을 친다. 그러면서 '거센 바람도 누구에겐가 쉼표가 될 수도 있다는 걸 섬 사람들은 알고 있다'란 구절에선 명치가 먹먹해진다.

역발상의 유추다. 섬살이의 가장 힘든 경우가 바람 때문에 발이 묶여 감옥 아닌 감옥을 살아야 할 때다. 어차피 섬의 주인은 바람이 아니던가. 발이 묶이면 막걸리 한 잔 낮술도 즐기고 낮잠도 즐기면서 쉬자고 권하면서 세상살이 별거 아니라고 쉬엄쉬엄 여유롭게 살자고 발목을 잡는다.

그의 시정신은 자연에 따라 사는 사람이 올바른 삶을 사는 것이라는 노자의 자연관에 기대어 있다. 사람이 땅을 본받는다는 것은 땅이 가지고 있는 자연스러운 본성에 따르는 것이고, 땅이 하늘을 본받는다는 것도 하늘이 가지고 있는 자연스러운 본성에 따르는 것이라는 관점에 근거하고 있다. 자연의 흐름을 따름으로써 천지만물과 조화를 이룰 수 있다는 자연의 자생적 질서를 존중한다. 그래서 그가 통찰한 자연과의 만남을 보면 섬세하면서도 삶의 실제에서 나온 깨달음임을 알게 된다.

우리은행 뒤편에 오래된 한옥 한 채가 있다
오가며 눈길이 머물게 한 고즈넉한 한옥
둥근 기둥에는 어느 목공의 대패자국이
비스듬히 한쪽으로 기울어 있다
숭숭 뚫린 창호지 문엔 햇살은 격자무늬 몸매가 된다
언제부턴가 거미들이 집주인이 되어
안방에 들어온 둥근 햇살집을 짓는다
격자무늬의 햇살과
기와지붕 위 주름치마 같은 햇살과
둥근 기둥에 기대어 멀대같이 서 있던 햇살도
오늘은 체형을 바꿔 모로 누워 있다
마당가에 누워있는 둥근 기둥과
저만치 내동댕이쳐있는 창호지문
아무렇게나 뒹굴고 있는 기왓장들이
서로의 결이 되어온 수많은 날들
꼭 그만큼의 두께로 햇살을 쌓아놓고
늙어가고 있다

—「햇살의 체형」

잡초도 생각 없이 싹을 틔우는 것은 아니더라구요

작년에는 없던 자운영이 올겨울 화단 가득 채워져 있어
하마터면 잡초인 줄 알고 모조리 뽑을 뻔했는데요
한겨울에도 새파란 자운영이 귀띔해 주더라구요
나를 뽑지 말라구요
아마도 그랬을 거에요
봄에 이사 온 수선화가 찬바람이 온몸을 파고들어
자운영 꽃씨에게 엽서를 보냈나 봐요
자운영은 그렇게 수선화 곁으로 와
겨우내 수선화를 꼭 안고 있었던가 봐요
그랬는데요 글쎄
올봄 자운영 품속에서
수선화는 시침 뚝 떼고 꽃대를 쏙 올려 놓았더라구요
꽃들도 이렇게 누구를 배려하는 마음이 깊다는 것을
자운영 꽃씨는 알고 있었더라구요

—「꽃씨 우체국」

자연의 모든 생명체는 꾸밈과는 거리가 멀고 있는 그대로의 존재의미를 지닌다. 꽃의 아름다움도 치장이 아니라 꽃의 입장에서는 존재를 위해 꼭 필요한 장치다. '잡초도 생각없이 싹을 틔우는 것은 아니더라구요'라는 체험적 진술이 시선을 끄는 이유도 단순히 과학적 사실에 머물지 않고 자연을 닮고자 하는 인문학적 의미를 깨달았기 때문이다. 수선화와 자운영이 서로를 배려하는 마음이 깊다는 것, 세상의 모든 존재는 서로가 서로에게 도움을 주고받으며 살고 있다는 것, 세상의 모든 꽃씨 속에는 몸이 기억하는 이러한 의미가 안겨 있어 그래서 꽃씨 우체국이다. 세익스피어는 그의 희곡 「좋으실 대로」에서 '나무에서 이야기를 듣고, 시냇물을 책으로 삼고, 돌덩이에서 가르침을 받으며 그렇게 만물에서 선을 찾아낸다'고 했다.

곽경자 시인은 자운영과 수선화의 곁이 되어 관찰하고 통섭하여 자연으로부터 패턴인식을 하고 생명의 떨림을 놓치지 않는다. 그리하여 일상에서 일어나는 작은 움직임까지 정서적으로 인지해 낸다. '이른 아침 나는 부지런히 햇살을 쓸어 모아 마당 한가운데 화덕을 놓고 불을 피우고'(「햇볕 공작소」), 격자무늬의 햇살과 기와지붕 위 주름치마 같은 햇살과 둥근 기둥에 기대어 멀대 같이 서 있던 햇살이 체형을 바꿔 모로 누워있는(「햇살의 체형」) 풍경도 그려내고, 우리가 날마다 바람 한 줌씩을 소리 나지 않게 날려 보내 그냥 훅 지나가서 바람이 바람인 이유(「바람의 유언」)도 듣고, 짝사랑이 아름다웠다는 것을 지금에야 알 수 있듯 비움이 아름답다는 것을 그믐달이 되어서야 알고(「달마중」) 좋은 날은 실눈썹 같은 그믐달의 눈웃음도 볼 수 있고(「눈빛」), 빈 마음으로 마루에 앉으니 어느새 내 마음을 눈치채고 무릎 위에 내려와 앉는 햇실도(「빈집의 습관」) 만난다. 비 오는 날은 그

심에서 바다위 뚝뚝 떨어지는 적막과 낮잠을 자는 작은 섬(「비오는 날 그 섬」)을 만난다

그곳에 들어서면
나 키보다 더 큰 잡초들이 주인이 되어
넓은 들을 점령한 후 자리 밀려난 지 한해가 지났다
날마다 허리 굽혀 잡초를 뽑던 그 사람은
이제 늙은 고목처럼 자리에서 움직일 줄을 모른다
참깨며 들깨며 마당 가득 채워두고
가을이 영글어가던 그곳
언제나 북적대던 대청마루도 긴 잠에 빠져 있고
반지르르하던 장독대는 윤기를 잃은 지 오래다
움직임도 버거운 저 굽은 등
마루에 걸터앉아 허공을 바라보는 애절한 눈빛
헛간에 걸려있는 기운 없는 농기구들
주인의 손길을 기다린 지 오래다

—「등」

자연 속 하나의 세월이 된 섬 집 헛간에 걸린 기운 없는 농기구들, 키보다 더 큰 잡초, 긴 잠에 빠진 북적대던 대청마루, 윤기 잃은 장독대와 또 하나의 등 기운 세월이 되어 마루에 걸터앉은 눈빛이 세월을 키워드로 유추된 풍경이 선명하다. 그것은 자연의 무한함과 인간의 유한함을 대비하

려는 것이 아니라, 자연 속에서 자연과 더불어 하나 되어 살아온 세월이 오히려 눈부신 정겨움으로 다가온다.

자연과 인간과 사물이 서로의 시간을 품고 견디면서 주인의 손길을 기다리는 풍경은 이미 저쯤에서 오는 봄을 예견하고 있다. 그래서 덜 쓸쓸하고 덜 외롭다. 시 「겨울초록」에서도 둘레길을 내며 잘려 나간 밑둥은 죽은 척 겨울 한 철을 보내고서야 파란 새싹을 피우듯 등 굽은 허리가 땅과 더 가까워질수록 할머니의 밑둥에서도 겨울초록이 돋을 것이라 믿는 시인의 시선이 살갑다.

> 파도가 빚어놓은 한 점 조각품의 섬
> 자연이 내어준 넉넉한 품속에는
> 바닷물처럼 부드러우면서도
> 단단한 사람들이 살고 있다
> 밀물은 날마다 햇살을 안고 와
> 해초를 길러주고
> 바다는 하루도 쉬는 날이 없다
> 날마다 종종걸음으로 아침을 여는
> 바다가 있어
> 섬사람들은 아주 옛날에도 배고프지 않았다
> 섬사람들은 받기만 하는 것은 아니다
> 감잎이 피면 콩을 심는다는 것쯤은
> 눈치로 알고

햇볕과 바람과 눈과 비도
함부로 쓰는 법이 없다
자연에 기대어 사는 법을 안다

—「섬 사람들」

자연에 기대지 않은 인간의 삶은 없고 자연을 떠나 살 수 있는 생명은 어디에도 없다. 밀물은 날마다 햇살을 물고 와 해초를 길러주고 날마다 종종걸음으로 아침을 열어주는 바다가 있어 섬 사람이 살아갈 수 있다. 그래서 섬 사람은 햇볕과 바람과 눈과 비도 함부로 허투루 쓰는 법이 없이 자연에 기대어 사는 법을 안다.

온생명이니 낱생명이니 하는 이분법적인 이해보다는 하나의 통섭적 안목과 정서적 안목으로 바라보는 세계관과 우주관이다. 서로가 서로를 기댄다는 것, 서로가 서로를 기대는 법을 안다는 것은 자연의 순리에 따르는 것이다. 자칫 자연을 잘못 읽어 낭패스런 일도 있다. 즉 민들레와 제비꽃을 심어 그들의 내통으로 온 뜰을 점령당해버린 일이었다. 어쩔 수 없이 이 또한 햇살을 편집하여 해결하기도 했다(「햇살의 편집」)

바람이 많은 그 섬 동백나무는
많은 꽃망울을 갖지 않아도

만족할 줄 알고
화려한 봄꽃과도 다투지 않는다
그러다 문득 찬바람도 만나고
밤이면 별빛과도 만나고
발아래 마른 풀 속 새싹도
먼바다의 물결에도 안부를 묻는다
파도와의 속삭임도
바람이 전해주는 동백꽃의 사생활은
아무도 캐묻지 않는다
찬바람 부는 날은 무엇을 하고
겨울 햇살 따스한 날은 무엇을 하는지
매화꽃 망울이 입을 벌릴 때면
마음 조급해하지 않고
아무런 간섭 받지 않은 동백꽃은
오늘도 붉은 시 한 편을 쓴다

―「동백꽃의 사생활」

동백꽃의 사생활, 식물의 사생활, 바람의 사생활, 어둠의 사생활……. 그러고 보니 꽃의 사생활이 있을 법도 하다. 우리는 남의 사생활을 궁금해 하면서도 꽃의 사생활과 나무의 사생활을 생각해 본 적이 없다. 스스로 만족할 줄 알고 봄꽃과도 다투지 않고 밤이면 별빛과 만나고 먼바다의 물결에도 안부를 묻는 동백의 사생활을 훔쳐보는 즐거움이 있다.

시인은 동백꽃의 사생활에 기대어 섬에서 사는 시인의 즐거운 사생활을 전한다. 시인은 자연과의 순리적 관계를 존중하고, 그 속에서 삶의 선순환을 깨우친다. 삶은 세상과 관계를 맺어가는 것이고, 사람과 관계를 맺어가는 여정이다. 삶의 마디마다 힘든 선택을 해야 하고 고비마다 어려운 결정을 해야 한다. 스스로 선택하고 스스로 결정하며 스스로 헤쳐나가야 한다. 그렇게 선택하고 결정하고 헤쳐나가는 것이 관계인데 이 모든 것을 시인은 자연에게서 깨우친다. 그래서 시인에게 섬은 떠나있어도 늘 방향을 잡아주는 이정표가 되고, 내 편의 커다란 손바닥 안에서 산딸기를 꺼내먹으며 농익은 사랑과 엄마의 사랑을 확인하기도 한다. 그런가 하면 지천에 핀 제비꽃의 수다 속에 들어가 함께 웃으며 길섶이든 들녘이든 행복하게 어울리고 싶어하지만, 설령 어울리지 못해도 시인은 이미 보랏빛 고운 제비꽃이 되어 있다.(「제비꽃의 소망」) 어느 날은 바람과 만나고 햇살과 만나고 달빛과 만나고 별들과 만나고 가슴을 적시는 산새들의 노래와도 만난다.(「이끼꽃」)

내 편의 커다란 손바닥 안에서
오월의 산딸기가 발그레 웃고 있습니다
지금도 오월의 산딸기는 그리움입니다

그때도 지금도 산딸기는
모두가 그렇게 크고 탐스러운 줄만 알았습니다
아침 이슬 밟으면서 밭두렁을 돌며
커다란 이딱나무 잎에 한가득 채워오던 그 산딸기도
그렇게 빨갛게 탐스러운 것인 줄만 알았습니다
하지만 벌레도 먹고 작은 것도 있다는 것을
엄마가 되고서야 알았습니다
이딱나무 잎사귀에서 나를 반기던 산딸기도
커다란 손바닥 안에서 웃고 있던 산딸기도
그것은 나를 위한 사랑이었다는 것도
산딸기를 따면서 알았습니다
나는 올해도 그 농익은 사랑을
내 편의 커다란 손바닥 안에서 꺼내먹으며
그때처럼 파란 하늘을 보았습니다

—「내 고향 오월은」

시인은 오월 어느 날 내 편(남편)의 커다란 손바닥에서 달콤한 산딸기를 꺼내먹으며 어머니의 사랑을 추억하고, 어릴 때 몰랐던 어머니 사랑의 넓이와 깊이를 회복하는 탄력성을 보여준다. 늘 좋은 것만 골라주던 어머니의 사랑을 어머니가 되어서야 알고, 산딸기를 따면서 벌레도 먹고 작은 것도 있다는 것을 알게 된다. 지나고 보니 모든 것들이 나를 위한 사랑이었음도 깨닫는다.

시인의 고향 금오도는 비렁길 둘레길로 유명세를 타는 여수의 대표적 섬이다. 그 섬 풍경 속에 살면서 그 섬을 닮아가며 그동안 듣지 못하고 보지 못한 살가운 삶의 서정을 발견해 가는 소소한 행복에 젖어 있다. 특히 공간과 시간에 대한 지각은 깨달음이면서 그동안 한 번도 경험하지 못한 일상의 깨달음의 의미체험으로 다가온다. 나이 들어가며 공간과 시간에 대한 의미체험이 다르게 다가오지만, 그럼에도 시인에게 일상은 그때나 지금이나 늘 한결같이 변함없는 공간을 자리한다.

그늘지고 습한 곳에 살고 있다고
우리의 마음까지도
다 어두운 것은 아니랍니다
어느 날은 바람과 만나고 햇살과 만나고
달빛과 만나고 별들과 만나고
가슴을 적시는 산새들의 노래와도 만난답니다
겨울이 되어
온몸을 파고드는 칼바람을 막을 수 있는 것은
우리의 결이 있어서입니다
서로의 뿌리를 껴안을 수 있는 결이 있어
따뜻한 온기로 푸른빛을 지키면서
숨죽이며 계절을 지나왔던 것이 꿈결 같아질 때
다시 봄은 오고

서로의 몸을 느슨하게 풀고
꿈틀거리던 새싹이 꽃대를 내밀며
세상 참 아름답게
그늘진 자리에도 꽃은 피어날 것입니다

—「이끼꽃」

안개 자욱한 날이면 맑은 세상을 꿈꾸고, 봄비가 오시고 한 후에는 연둣빛 세상을 꿈꾼다. 바다색이 너무 곱다고 행복하다 하고 바다 위에 떠 있는 섬들이 정겹다고 행복해 한다. 그만큼 시인이 맑고 고운 까닭이다. 누군가를 위해 꽃을 피우고, 누군가를 위해 소소한 밥상을 차리고, 가을이면 고운 물빛과 산들산들한 바람을 닮고 싶어 한다. 태풍이 부는 날이면 창가에 앉아 바람멍을 때리고, 돌담 안에서 혼자 남아있는 감나무의 안부를 전해주고 싶어 금오도 편지를 쓰기도 한다.

'그늘지고 습한 곳에 살고 있다고/우리의 마음까지도/다 어두운 것은 아니랍니다' 시인이 이끼꽃을 응시하면서 이끼꽃에게서 들은 이 한마디가 시가 된다. 그늘진 곳에 살지만 바람, 햇살, 달빛, 별을 만나고, 가슴을 적시는 산새들의 노래소리도 만나고, 곁이 있어 따뜻한 온기로 칼바람도 견딘다. 그래서 다시 봄은 오고 새싹이 꽃대를 내밀며 세상 참 아름답게 그늘진 자리에도 꽃을 피운다는 발견에 이른다. 시인은 마음을 끄는 꽃과 나무 풀의 풍경이 있으면 그 앞에서 서성이면서 자신에게 건네는 말을 상상해본다. 이런 일이 재미있는 일상이 되어 새로운 상사의 시간과 공간을 창조하는 놀이가 된다.

남들이 보면 참 쓸데없는 짓이지만 스스로 쓸모를 묻는 질문에 스스로 답하면서 즐거워한다. 내가 좋아하는 걸 보고 느끼면서 마음껏 좋아하는 것, 내 마음이 하는 목소리를 따라서 가보는 것을 즐거워한다. 목적을 생각하지 않고 좋아하는 그냥 멍 때리는 마음의 소리가 뜻밖의 쓸모를 갖는 의미가 되는 순간을 경험한다. 그 자체로 경이롭다. 내가 정말 좋아하는 풍경을 통해 내가 듣고 싶어 하는 마음의 소리를 들었을 때, 뜻밖의 나의 세계를 발견했을 때 그 세계는 시인에게 큰 힘이 되어 준다. 좋아하는 것들이 주제가 되고 그것이 곽경자 시인의 하루가 된다. 이 점에서 보면 살아가며 겪는 쓸데없는 일이 가장 쓸모 있는 일인지도 모른다.

나는 이렇게 포근한 고향에서 살고 있지만
문득 고개를 들어 하늘 저편을 바라보면
그리움으로 가슴이 저며온다
온 세상을 까맣게 물들여 버린 지금
보고 싶어도 보지 못하고 꽁꽁 묶여버린 세상

엄마, 모친님 건강하시오
농담으로 던진 모친이라는 단어가
왜 그리도 그리움으로 울컥해지는지
우리는 잘 있으니 걱정 말라는 말에도
그리움은 염치도 없이 가슴이 아리는데
서로 먼저 머리를 땋아달라며 줄을 서던 그 애들이
이제는 훌쩍 자라 꽃봉오리 같이 고운 아이들
문득 문득 그리움으로 다가올 때
언제쯤 이 안개 속에서 벗어날 수 있을까
기억조차 가물거리는데
날이 다르게 봄꽃은 향기롭게 피어나고
너희를 향한 마음은 이렇듯 봄날처럼 환하다

어머니, 금오도는 잘 있죠.

—「그리움의 저편」

시는 아름다운 통찰이면서 아픈 통찰이다. 아픔도 아름답게 갈무리하는 순화작용이 있어 시는 아픈 통찰보다는 아름다운 통찰이다. 시적 통찰은 너를 통해 나를 보고, 나를 통해 너를 보는 서정이다. 그러면서 세상의 삶을 다시 들여다보고 다시 발견하는 과정이다. 좋은 시는 봄이 오면 봄을 느끼고, 목련이 피면 감동하고, 감응하는 서정성을 잃지 않으려 하고, 꽃이 피는 것으로 하늘의 뜻을 읽어내려는 통찰이고 동섭이다. 꽃이 피는 현상에서 바람도, 햇살도, 기다림도, 의지도, 견딤도, 읽어낼 수 있다. 앙드레 마르시앙은 '숲속에서 나는 숲을 바라보고 있는 것은 내가 아니었다는 것을 느끼곤 했다. 어느 날 나를 바라보며 나에게 말을 걸어오는 것은 바로 나무들이라고 느꼈다.'고 했다. 시인에게 혹은 바깥의 세상이 시인에게 말을 걸어오는 순간에 빛나는 시 혹은 이미지가 섬광처럼 오는 것이다.

시인은 봄꽃 하나에 삶의 원형을 살피는 사람이다. 어떻게 보면 매일매일, 매 순간마다 사는 것이 기적이라는 것을 체험하는 사람이다. 공자는 오십에 지천명知天命하고 육십에 이순耳順 했다고 한다. 하늘의 뜻을 헤아리고 세계의 뜻을 헤아리는 마음도 알고 보면 자연의 뜻에 순종할 줄 알고 배려하는 마음이라고 했다. 꽃의 마음을 헤아리고, 나무, 풀, 햇살, 바람의 마음을 헤아릴 수 있는 마음이고, 결국 나를 제대로 들여다볼 수 있는 마음이다.

곽경자 시인은 매일매일 일상에서 만나는 바람과 풀, 꽃, 나무의 안부를 묻는다. 그것은 바로 그동안 사는 것이 뭐가 그리도 바빴는지 한 번도 물어주지 못한 제 안부를 묻는 것인지도 모른다. 그래서 시인의 시의 고향인 금오도는 한결같이 '그리움의 저편'일 수밖에 없다. 문득 고개를 들어 하늘을 올려다봐도 그리움이고 보고 싶어도 보지 못하고 꽁꽁 묶여버린 세상에서 누군가 안부를 물어와도 그리움이고, 모친이라는 말에서도 그리움으로 울컥해진다. 시인에게 그리움은 날이 다르게 봄꽃처럼 향기롭게 피어나고 봄날처럼 환한 그리운 제 안부가 된다. 그래서 오늘도 그는 가만히 안부를 묻는다.

'어머니, 금오도는 잘 있죠.'